ÁBRETE CAMINO

CONSEJOS PARA DEJAR DE SER TU PROPIO OBSTÁCULO

VOL. 1

TONY ORTIZ

LIBROS DEL AUTOR

Fractal – A Time Travel Tale (Una Novela)
Melted Cold (Una Colección de Cuentos Cortos)

Visita lo siguiente para más lectura:
Escritura Libre: www.SpunToday.com/freewriting
Cuentos Cortos: www.SpunToday.com/shortstories

*Este es el primer volumen de una colección de pensamientos escritos
libremente que me ayudaron a superar algunas de mis propias
barreras personales y tonterías. Mi esperanza es que puedan
ayudarte de manera similar.*

Por todos aquellos creadores potenciales que están ahí afuera.

Para Mi Madre

Epígrafe

"Nuestro planeta es una mota solitaria en la gran oscuridad cósmica envolvente. En nuestra obscuridad, en toda esta vastedad, no hay indicio de que vaya a llegar ayuda desde algún otro lugar para salvarnos de nosotros mismos. La Tierra es el único mundo conocido hasta ahora que alberga vida. No hay ningún otro lugar, al menos en el futuro cercano, al cual nuestra especie pudiera migrar. Visitar, sí. Colonizar, aún no. Nos guste o no, por el momento la Tierra es donde plantamos nuestra bandera."

— Carl Sagan, Un Punto Azul Pálido - de una Conferencia Pública impartida el 13 de octubre de 1994 en la Universidad de Cornell

DEJA QUE SU SER SALGA

*L*a mejor versión de ti esta loco por salir. Prácticamente saliendo por tus poros. Pero tu lo sofoca. Tu lo detiene. Tu lo pospone. Te complica tu propio camino, apilando obstáculo sobre obstáculo en ves de aclarar el camino y permitirte resucitar de los despojos mortales de tu vida incumplida. Rompe esa tendencia y cambia esa trayectoria. Estas creando un oyó tan profundo que vas a terminar siendo la tumba de la vida que podría haber tenido. Auméntate a la versión de ti que necesitas ser. Nos elevamos uno al otro con levantarnos nosotros mismo. Es tu deber, su llamado a no malgastar la mejor versión de ti. Estamos todos juntos en esto, pero comienza y termina contigo. No desperdicié ese talento. Nútrelo y permita que tenga el efecto domino y perpetuo que estaba destinado a tener. Tira una piedrita de esfuerzo dentro la piscina del universo diariamente … y vamos a empezar.

¿CÓMO VA A UTILIZAR
SUS 24 HORAS?

*E*s tiempo de ponerte al día. Realmente no se puede recuperar el tiempo perdido ... ya paso, se acabó. Pero tu absolutamente puede cambiar tu trayectoria negativa, y asignar tu tiempo positivamente. Conéctate con tu ser y armonízate con tus deseos. Tu zona es única. El lugar donde eres el único diputado y sólo tu puede existir. No hay copia o réplica que pudiera realizarse. Tú lo haces lo que es, lo que puede y no puede ser. No más excusas. Encuentra el tiempo. Has el tiempo para lo que sea que necesitas para mejorarte. Cualquier meta que tienes, comienza trabajar hacia ella...ahora. No, literalmente ahora mismo. Todos tengamos 24 horas en el día. ¿Cómo vas a elegir a usar los tuyos?

NO LE TENGA MIEDO AL ÉXITO

No le puede tener miedo al éxito. Piénsalo. Eso es la esencia do todos los miedos. Obstáculos y barreras hecho por nosotros mismo. Tampoco debe estar motivado solamente por el éxito. Debe ser indiferente sobre el. En el mejor caso, es una ventaja añadida. Supongo que es de ahí que viene el refrán; 'es el viaje, no el destino, que realmente importa'. Es la luz que no puede ver pero que te guía. Tienes que mantenerlo alejado en términos de quererlo o en pensar que lo necesitas. Pero, irónicamente queriendo y necesitándolo simultáneamente. Logra tu tipo de éxito a través del trabajo duro pero apática.

RECUERDOS

*L*os recuerdos son impresionantes. Son la fuente de todo. Están ocurriendo alrededor de nosotros en este mismo momento. Esperando para venir a fruición en un futuro y convertirse en lo que estaban destinados. Los recuerdos son del pasado. El pasado es nuestra historia. La historia que leemos en los libros, la historia que tengamos en nuestras relaciones ... todos son recuerdos. Evocado en nuestra mente continuamente sin fin. Infinitamente y impredeciblemente presente en la base de datos de nuestra mente. Los recuerdos son traído delante de nuestra mente ... al presente, a través de recordar el pasado, de leer, fotografías, a través de videos caseros. Los recuerdos unen nuestro pasado con el presente y ayudan a dar forma a nuestro futuro. Las formas en que se invocan recuerdos son abundante y tienen gran valor. Vienen en todas formas, diferente tamaños, colores y texturas. Bueno o malo. Luz o oscuridad. Divertido o aburrido. Estresante o feliz. Haga un esfuerzo consciente desde hoy en adelante para hacer los recuerdos de mañana, felices. Pero sea consiente de que los recuerdos humillante tienen la misma importancia.

NADIE ES NECESARIAMENTE
NECESARIO

*adie debe de tener la habilidad de hacerte sentir como que tu no puede ser tu. Nunca. Es una cosa reservar una opinión o actuar de cierta manera hacia un familiar, o persona mayor, figura de autoridad, etcétera – por respeto. Es totalmente otra cosa sentir vergüenza de expresar tus ideas, pensamientos, preocupaciones y opiniones. Cualquiera que te está sofocando de esa manera, no necesita estar en tu vida. Tu hace esa decisión. No es caso por caso. No es circunstancial. Nadie es necesariamente necesario. No me malinterpreten, crítica constructiva es esencial y alguien que viene con buenas intenciones, señalando algo que estas o estaba haciendo incorrectamente, tiene beneficio para nuestro desarrollo y crecimiento como individuos. Pero la animosidad negativa inducido por el ego no sólo es innecesaria, es perjudicial. Tiene un efecto de desgaste en usted como persona. Pero la buena noticia es que la gente que tú decides dejar entrar en tu vida y las que tu deja ir, es completamente bajo tu discreción.

TOMANDO LA RUTA
POSITIVA O NEGATIVA

as cosas siempre pueden estar peor. Pero, pueden estar mejor también. Todo depende de cual ruta tu opta tomar cuando llegue a esa división en la carretera de tu decisión. Claro que van a ocurrir cosas fuera de tu control que te van a llevar a diferente caminos que no tenia intenciones de ir ... pero eso es cuando tu determinación y dedicación a tu trayectoria se debe enfocar ... o no. Puede parecerse sin sentido, pero su estado de ánimo y las perspectivas generales de uno tienen un gran impacto en como uno reaccionas en las situaciones que se le presentan a uno. Si decide centrarse en la negatividad, está negándose a moverse hacia delante. Incluso si usted piensa que es capaz de echar para adelante mientras que usted está pensando de esa manera, estás muy equivocado. Te está engañando a ti mismo. Esa negatividad atrae negatividad de otras áreas de tu vida. La miseria ama la compañía. Puede ser difícil de reconocer, pero te puede entrenar. Elimina la negatividad siempre que sea posible. El odio, los celos, la envidia, duda de sí mismo, todas son diferentes formas de la negatividad. Ningunos tienen que existir. Voltéalo y supleméntalo con amor, la confianza, la admiración, la generosidad, la confianza en sí mismo, el orgullo – pero no el orgullo egoísta, el tipo de orgullo que uno tiene cuando hace algo bueno y positivo. Igual que la negativo, lo positivo crea mas positividad. Tu determinará el curso con las decisiones que tu hace. No hay un bien y un mal definitivo. Pero hay un correcto e incorrecto - para ti. También hay un bueno y un malo - para ti. Tu tiene que decidir eso por ti mismo. Acaba con los pensamientos y actos negativos, las ideas y gente negativas. Cada uno de ellos son dispensables si quieres ser positivo. Es solo negatividad disfrazada. ¿Y la positividad, se pudiera disfrazar también?

RECONOZCA SU PUNTO DE VISTA Y LA PERSPECTIVA DEL OTRO TAMBIÉN

*Ro*déate con personas de la misma opinión tuya …
pero sólo después de sobreentender el punto de vista del otro, suficientemente para encontrar comodidad en tu perspectiva. Hay una gran diferencia entre la confirmación de parcialidad y ser de la misma mentalidad. Claro que tienen similitudes, pero no podían estar más lejos de uno al otro. Tienen en común rodearse con personas o ideas que tienen resonancia con uno, pero por diferentes razones. Con la confirmación de parcialidad, estas buscando validación. Estas uniéndote a algo o alguien que usted cree que debe, porque soportan ideas que ya tienes establecido. En esa situación, siempre tiene un miedo fundamental de estar incorrecto o en lado equivocado, mal informado, etc. La confirmación de parcialidad tiene problemas. No tiene una base fuerte. Tiene algo incompleto. Algo falso. No tiene fondo fuerte. Tener la misma opinión funcionas. Bueno, puede funcionar. Está compuesto diferentemente. Con positividad. Es una decisión unánime. Es una reflexión de ser compatible. De tener gustos, deseos y miedos simila-

res. Empatía contra simpatía. Si todavía no ve la diferencia, fíjate más. Mira dentro de ti. Esta allí.

EVITA UN CAMINO
SIN PROPÓSITO

*P*asé gran parte de mi vida motivado por un tipo de motivación equivocado. Sin saber lo que significaba el éxito. No deberíamos dejar que el dinero y los materiales dictan nuestro pasión. Eso es un camino sin propósito. Esas cosas siempre deben ser tratado como una ventaja adicional. Aparte de los elementos esenciales (que son obvios) la familia, la salud, verdaderas amistades — me he dado cuenta lo que el éxito es y lo que significa para mí. Para otros puede ser diferente, pero para mi tener un pronostico positivo es esencial. Es un prerrequisito. Centrándose y conociéndose uno mismo es necesario. Sabiendo lo que uno quiere y no quiere y actuando en acuerdo ... no solo ir con la corriente y esperar que el cambio venga a ti. Debe ser consciente de las personas que te rodean y entendiendo como tu y tus acciones, o inacciones, los afecta. Dedicación a tu arte ... lo que sea que te hace sentir como tu. No la versión de ti que los otros creen que tu debe ser. Y puede ser lo que sea. La escritura, dibujo, pintura, ver películas, filmación de películas, creando música, arte y manualidades ... literalmente cualquier cosa ... el estudio, el ejercicio, la espiritualidad, trabajo como voluntariado, aprendiendo un lengua nueva o aprendiendo mas de algo que ha obtenido tu curiosidad...lo que sea, pero tienes que serte dueño de eso. Hazlo propio. Hazlo tu cosa. Pero sólo y cuando eres capaz (y todos lo somos) y está dispuesto a hacerlo por ti mismo. Eso es encontrar mi felicidad, mi éxito. Cómo tu elige medir a partir de ahí es sumamente tan importante también. Esos resultados cuantificables son medibles, pero esto en sí mismo no lo es. Puede considerarlo limitado en ese respeto, o ilimitado. Mas importante de todo, he reconocido que es un trabajo-en-proceso continuo – y eso es mi visión general de la vida. El proceso, la perspectiva es el objetivo en sí mismo. Seguro que tenemos necesidades y deseos, pero piénsalo como dice el refrán: 'Si lo construyes, ellos vendrán'... sin tener el motivo falso, de lo material.

MIRA EL LADO POSITIVO

Ocho días son ocho días de mas si esto vas ser un esfuerzo serio, no puedo durar tanto sin dedicarle tiempo a mi arte. Tampoco lo hagas tu. No podemos simplemente trabajar cuando sentimos inspiración. Con esa mentalidad, nunca vamos a lograr nada. Supongo que lo positivo en esta situación es que el numero ocho es mi favorito. Tienes que buscar lo positivo en todas las situaciones con cual la vida te confronta. No busque excusa. Busca algo positivó. Cualquier cosa positiva que te pudiera imaginar. Si, incluso en situaciones fuertes como la mala salud y la muerte. Estos son los momentos donde necesitamos que buscar lo positivo hasta con mas urgencia. Dicen que nosotros aprendemos y crecemos de nuestros errores y perdidas. Pero eso no es algo que pasa automáticamente. Es una decisión que tengamos que ser conscientemente. Independiente de los que no este pasando. Toma tu decisión y vive con ella.

¿QUÉ SONIDO TIENE
LA MÚSICA TUYA?

*U*n bloqueo mental del escritor. Ese es la etiqueta que le voy poner a esta sesión. Cuando no tengo nada que decir, pero ese nada todavía tienes que salir. Ya tengo más escrito que pensaba tener. La pluma sólo tiene que tocar el papel. Ni que sea solamente para práctica. Para tenacidad escritura. Por lo menos para una mejor caligrafía. El punto es que el trabajo solo produce algo. "Una vida vivida por el arte no es una vida desperdiciada"*. La pluma tocando el papel es como la aguja de un tocadiscos de vinilo. El papel es el vinilo, y la musa susurrando las palabras es la música. Sin falla, siempre va estar allí cuando tú te hagas disponible para hacer tu trabajo y pongas tu pluma al papel. ¿Qué sonido tiene la música tuya? Yo estoy afinando la mía.

---

* Esta letra es de la canción "Ten Thousand Hours" de Macklemore

PÁRATE PARA TU VICTORIA

❦

*R*egresando desde atrás. Ese momento cuando te sientes terminado pero asciende de esa negatividad. Ese lugar que te hace sentir sumergido pero motivado a la vez. Las paredes se están cerrando. Pero ese momento desencadena algo dentro de ti que te hace tomarle el frente a la situación y tomar las decisiones necesarias para empujar esas paredes para fuera. Poder levantarse cuando estas abajo, y regresar para la victoria…tu victoria.

NADIE MAS PUEDE SER TU

Tu eres quien sientes que debe ser. Sólo tiene que convertirte en eso. Tu eres una colección de todas tus experiencias, conocimientos, tus sueños, esperanzas y deseos, pero solo tu puede combinarlo todo para ser la versión de ti que sabes que eres. Nadie y nada puede convertirse por ti, y mas importantemente nunca pudieran ser la versión de ti que tu debe ser. Nunca. Otros pudieran lograr cosas similares pero en su manera. No en tu manera. No dejarte convertir en la mejor versión de ti es una forma de privar a ti mismo y al mundo. No seas ese tipo de egoísta. Comienza con adoptar el desinterés que te permitirá dar de sí mismo.

DESCÚBRETE

otivado por mejoría. Mejorándote a ti y a los que están alrededor tuyo. La práctica hace la perfección, pero nada mas si la acompaña con pasión, dedicación y disciplina que pudiera traer el concepto a realización. Quedándose en su camino, ni que se desvié un poco, pero generalmente quedándose en el camino que has elegido. Por fin estas en el estado de ánimo correcto. Captúralo, sin la opción de dejarlo pasar. Hoy como ningún otro día, descúbrete.

NO PIERDA LA OPORTUNIDAD
DE UNA MEJOR VERSIÓN DE TI

¿Qué te hace cambiar? ¿Todas las partes de ti son susceptibles a los cambios - o hay un núcleo inalterable que es parte de ti? Eso es lo que yo creo. Como dicen; lo mejor de los dos mundos. Tu tienes lo que te hace únicamente tu, y también tienes la habilidad de aceptar información, conocimiento y sabiduría para cambiar como corresponde. ¿Qué causa estos cambios? Mejor dicho, que dentro de ti permite que algunos eventos o experiencias impacten tu vida? ¿Qué dentro de ti permite que un libro tenga una conexión profunda que te abra los ojos a cosas y ángulos que nunca considérate? ¿Qué permita que una conversación de un Podcast te expande la mente? ¿Qué permite que los datos de un articulo de noticias te ayuden a formar una opinión política? Todo tiene que ver con lo que uno intelectualmente deja entrar para analizar objetivamente . Es simplemente una decisión que necesitas tomar. Mantente suficientemente abierto para que no pierdas la oportunidad de una mejor versión de ti.

SALTE DE TU PROPIO CAMINO

A veces te inclina para hacer algo, y a veces no lo hace. Cuando no lo hace, es inevitable tener esa duda, esa pregunta en tu mente: ¿Qué hubiera pasado si lo hubiera hecho? Esa pregunta estará contigo como una espina en el lado de tus pensamientos. Y al contrario, cuando te atreve hacer ese algo, ni que el resultado sea como esperaba o no, tendrás una sensación de logro. De cumplimiento. Un cierto orgullo que viene de tomar la decisión de confrontar algo que te daba miedo. ¿Por qué no diablos inclinarse para hacerlo cada vez? No tiene sentido. ¿Qué te impide? – Solo tu. Salte de tu propio camino.

¿QUÉ TU QUIERE?

¿Cuáles son tus deseos? ¿Tus sueños y aspiraciones? No lo que tu cree que debería ser o convertirte. O lo que la familia, los amigos y otros creen que debería ser. Pero lo que tu realmente quiere para ti, ¿de adonde viene ese deseo? ¿Qué es? ¿Predisposición genética? ¿El concepto de la musa? Quien sabe. Pero cuando tienes la habilidad de oír esa voz, las cosas parecen mucho más fluidamente. Un momento de claridad brilla para iluminar tu camino en la vida y proyecta una sombra sobre tus dudas. Eso te permita ver las posibilidades ante ti. Ese momento te permite distinguir entre las opciones positivas y negativas. Un momento transitorio. El siguiente paso depende de ti. La parte difícil. Ya tiene el mapa, pero necesita seguir las coordenadas a tu destinación. Pon la cantidad de trabajo que es merecido de ser parte de la trayectoria a tu destinación. El tiempo es una ilusión de restricción. No deje que esa ilusión le impida ir hacia sus sueños.

PARA ATRÁS NI PARA COGER IMPULSO

uédate en ruta de tu destino. Siempre vas a tener golpes y contusiones, giros y vueltas en el camino … no hay manera de evitarlo. Confronta y pásalos. Tu mente está hecha. Tus objetivos han sido determinados. No importan los obstáculos. Ni el periodo de tiempo o espacio entre tu y tus planes. Tu trayectoria generalmente, nunca debería desviarse. Ajusta y modifica cuando necesario, pero para atrás ni para coger impulso. Así, con el tiempo llegaras adonde quieres estar. Tal ves seria dándose cuenta que el viaje es el destino. O tal ves disfrutando de la fertilidad de tus esfuerzos, que prolíficamente reflejan la trayectoria de tu viaje. Pero no solo espere que te pase. Trabaja. Mucho. Muchísimo si es necesario, pero merécetelo. Nada que vale la pena viene fácilmente.

SEAS PRESENTE EN SUS TRAYECTORIA

⁂

*D*esde las profundidades más profundas de los bajo,
a la mayor altura de los máximos. El intrincado
laberinto de interminables giros y vueltas en el intermedio,
de cual tienen caminos infinitos a cada uno de esos destinos
polares. Pero mientras sus ojos estén enfocado en el premio,
no se pierda el bosque por mirar los árboles. De vez en
cuando, párate y mira alrededor. No hay solo una opción
para ti. Un camino. Aunque tenga un objetivó especifico, se
puede llegar en una miríada de formas. Despúes que llegues
para donde vas, miraras para atrás y vera que la foto que
pintaste con las memorias de tu vida es una valiosa obra de
arte que es tuya, y solo tuya. No hay una combinación de
brocha y cartulina que pudiera pintar esa foto como
tu. Aprecia y saborea todo lo que eres y todo lo que va a ser.

QUERER VERSUS HACER

⚬

¿Cuál es la diferencia entre queriendo hacer y haciendo? ¿Cuál es la chispa que enciende el cambio? ¿Dónde exactamente queda ese botón, y como podamos presionarlo? Pienso que varía de persona a persona y es definitivamente la situación que dirige, pero ¿cuál es la 'regla de oro'? ¿Hay una? Yo creo firmemente que lo que es previsto y se quiere, con el trabajo se puede cultivar. Casi todo tiene un ingrediente en común; trabajar duro. Pero puede y va a ser frustrante conseguir el camino. Solo tienes que saber y tomar en cuenta que haciendo cosas como estas, sin duda son pasos en esa dirección. Leyendo. Escribiendo. Cada vez que dibuja un dibujo, o practica cantando una canción...está haciéndolo. Simplemente, no pare.

MERÉCETE UN
MOMENTO PERFECTO

*E*s instantáneo.   Tan pronto la pluma toca el papel.   Parece explotarse.   Todo comienza a fluir. Pensamientos de nada se convierten a algo. O quizás se quedan siendo nada. Sin embargo, salen casi como para servir a un propósito.   No necesariamente yendo done 'siempre he pertenecido' o 'regresando a casa', pero algo así como que son un precursor importante para algo más. Algo que todavía no existe.   No en un sentido grandioso, pero en una manera que importara para mi.   Lo que será, será.   Y lo que sea llevara mucho trabajo y esfuerzo.   La práctica hace a uno perfecto y la "perfección" requiere trabajo para que cuando la oportunidad, la preparación y la suerte se encuentren, el momento será ejecutado como se debe.   Merécete ese momento.

SIGUE TU CAMINO

Siento que lo que quiero decir está allí. Esperando ansiosamente. A través de la neblina mental. En la distancia. Allí esta. Yo lo sé. No lo veo en un sentido literal, pero lo siento. Esta allí, como la anticipación y la emoción de un niño en Navidad. Siento que estoy lentamente, pero seguramente consiguiendo lo que busco. Mis obstáculos parecen estar desapareciendo, aunque sea a un paso lento. Paso por paso. Lentamente pero con constancia, ganaré la carrera.

HAZ TU PROPIO CAMINO

⚘

*P*elea por tu derecho para escribir. Para expresarte. De la misma manera que tú tratarías de buscar aire si no pudieras respirar. De la misma manera que tomarías agua para quitar tu sed si estuviera la garganta seca. Es un derecho humano, poderse expresar libremente. Salir del medio suficientemente para hacer tu propio camino. La profundidad de tu ser es eterno. Esta es mi manera ce acezarlo. Escribe. Mueve lo que este en tu camino y escribe. Ha esto hasta el punto que lo único que impida tu escritura es el escribir. Crea. Pon la pluma al papel, el texto a la pantalla de computadora, lo que sea tu metodología preferida. – Pero déjalo fluir. Tu copa estas permanentemente rebosándose...deja que fluya. Aceza lo que tiene dentro de ti y quítale el velo a los que en retrospectiva se verá extraño. Esos pensamientos inconscientes que están propalándose hacia tu conocimiento para sinérgicamente crear esos aspectos en tu vida.

DÉJALO BRILLAR

$\mathscr{H}$ay magnificencia entre mí, y dentro de ti también. Todos los tengamos. ¿Saldrá para revelarse? Esa es la pregunta. ¿Será suficientemente vulnerable para enseñarse? ¿Y tú, dejara que lo sea? ¿Brillará sin miedo? ¿Te guiará? No sé de ti, pero para mí la respuesta es sí. Tu debería asegurarte que así sea para ti también. Es tu responsabilidad, y te lo debe a ti mismo. Su esencia es para todos nosotros. La magnificencia no es de ti solo. No es para que te quedes con ella dentro. Es para la distribución. Encuentra tu meta, tu estilo, tu voz ... tu preferencia. Has te dueño y afílalo. Salte del medio y úsalo.

CREA ARTE

El arte es eterno. ¿Por qué? – Porque es 100% subjetivo. La escritura de cualquier tipo, la música de cualquier tipo, dibujos y pinturas de arte, actuando de cualquier tipo ... es todo, irónicamente, eterno. Irónicamente porque son todos encapsulados dentro de un cierto tiempo. Pero, no necesariamente reflejan ese punto en tiempo. O puede ser así para mi y no para ti, y viceversa. Las influencias del creador nos habla pluralmente y singularmente también. Poesía, teatro, ficción, hip-hop, películas de suspenso, rock, la escritura libre, jazz, el dibujo, bachata, la cerámica ... cualquier medio, tiene una audiencia. Individuos tienen eso en común y encuentran comodidad y pertenencia en ese mismo arte. Y esa comunidad no necesariamente encuentran varias cosas en común uno con otro pero todos encuentran algo que los impresiona dentro de ese arte. De la manera que nosotros hoy en día nos azoramos con las maravillas del mundo o textos ancianos, algún día se azorarían con el arte de hoy. Es una conexión importante y humillante que compartimos con el pasado, presente y el futuro. Lo que seas que el arte sea para ti ... continua crearlo.

LA INACCIÓN DICE MUCHO

¿Qué es que interrumpa nuestros planes? Lo que nos para los sueños de hacerse realidad? ¿Qué es que nos bloquea de afrentarnos con nosotros mismo? Claro que las cosas de la vida nos pausan los planes, pero eso sucede porque nosotros lo dejamos. ¿Por qué es eso? ¿Qué esta pasando realmente? ¿Tenemos miedo de lograr? ¿Miedo de intentar y fracasar? Tal ves somos ignorantes al refrán: 'Si al principio no tienes éxito, vuelve a intentarlo'. Tengamos que parrar de tropezar con nosotros mismo. Estamos ocupados día tras día, pero no estamos viviendo nuestras vidas. Es interesante saber que la mayoría de las personas, incluyéndome a mi, están satisfecho con este tipo de existencia. No internamente pero mirando desde afuera, la inacción dice mucho. Entonces, de esa perspectiva, cuando estamos midiendo la inacción, queriendo hacer algo pero no haciendo nada, es igual a nunca ni querer hacer algo. Las dos mentalidades tienen el mismo resultado ... nada. ¿Por qué permitimos que algunos pensamientos se manifiesten de una manera tangible? ¿Podemos controlar el seguro proverbial en la puerta de nuestros pensamientos? Tomando ese control conscientemente, yo creo que si. Pero al momento, es solo un pensamiento interno.

TENGO ESE SENTIMIENTO
DE ESTANCAMIENTO

*sumiendo tareas tras tarea y esencialmente empujando para tras la fecha de finalización de las tareas anteriores. Eso es una de las causas principales del problema. Ese sentimiento de estancamiento. De allí es que viene. Estas acumulando distracciones. ¿Cómo arreglamos el problema? Elije una fecha para completar todas las cosa en tu 'lista de cosas para hacer', y un plan para hacerlas. Aquellos que no se completan, elimínalas. Son cosas que probablemente no haría . Esto puede ser bien efectivo. En diferentes niveles, no sólo completa las listas, pero en dejar ir la dependencia de ellos. Si no estas completando la lista constantemente, no son efectivas y, al contrario, tienen un impacto negativo. Entonces, no tienen punto. Ahora, que pasa después de este paso de deshacerse de las listas? ¿Qué protocolo podamos poner en su lugar para evitar la acumulación de futuras listas y tareas? Tenga un limite de una semana para tal cosa. Después de una semana sin completarse, o la completa o la eliminas. Puede valer la pena una implementación así. Pero tienes que seguir esta practica firmemente si no quieres volver a lo mismo. Hay varias aplicaciones de productividad en computadora, en los teléfonos, tácticas que se pueden hacer con papel y pluma. Elije una, y por fin comienza completar tus cosas.

CUANDO LLEGUES, NO TE OLVIDE DE ADONDE VINISTE

$\mathcal{Y}$ o creo en mi mismo. Como tu deberías creer en ti. Le pueden decir orgullo o arrogancia, pero esto es algo que voy a hacer. Quiero lo que viene hacia mí, siempre y cuando me lo ganes. ¿Por qué otra razón podría estar viniendo a mí? Enfocarse, trabajar duro, la disciplina y la pasión dedicada se combinaran para garantizar la satisfacción de uno mismo. Voy hazle frente a la ocasión y aprovechar el momento. Me pertenece. Estas hecho y es parte de ti. Todo es una seria de bloques de construcción. Y algunas veces tengamos que pasar por lo incorrecto para encontrar lo correcto. Las piezas del rompecabezas finalmente se unen. Pero nunca te olvides de la inspiración que te trajo a este punto. Cada fuego tiene una chispa inicial. Todo tiene origen. La base que tienes que reconocer. Cuando llegues, no te olvide de adonde viniste. Incluso cuando todo está bien y no tienes final en la vista … siempre haría un punto de comienzo de donde vienes.

CLAVES PARA EL ÉXITO

❦

*T*u tienes la opción para altar tu realidad. Estas dentro de tu control. Tu haces una seria de decisiones, algunas dependiendo de las otras decisiones que has hecho … pero, sin embargo, son decisiones. Tal ves estas satisfecho con tu situación en la vida hoy en día, o tal ves no. Pero la habilidad de hacer un cambio y cambiar tu trayectoria es un poder que tu tienes. Al final del día, no puedes escaparte de tu realidad. Pero si puedes crearla continuamente. Puedes ser calmado y conservativo, o desenfrenado y libre. Puedes comenzar siendo uno, y regresar a ser el otro. No puedes borrar lo que has hecho, pero puede hacer acuerdos contigo mismo de no repetir los mismos errores. Bueno o malo, todo se agrega al final. Y al fin estamos pagando nuestra misma cuenta.

¿CÓMO PASARAS TU TIEMPO?

ientras el mundo da vuelta sin la anticipada de un final, le da vida al deseo y potencial, lo cual es rivalizado por la muerte indiscriminada que, inevitablemente, deja detrás. Un ciclo que, por definición, va circulo completo. Un ciclo que simplemente esta haciendo lo que está supuesto para completarse. Adopta esa característica. La característica que todos los seres, menos nosotros, aparentemente entienden. Algunos podamos vivir nuestras vidas de una manera que no da un sentido de valor. Otros de nosotros dejamos que las cosas de la vida influyan y interfieren nuestro destino. Le damos importancia donde no debemos. Al final, el tiempo hará pasado, el mundo viera dado su ultima vuelta contigo dentro de ella, y tendrás una realización de tu tiempo. ¿Cómo va a haber pasado tu tiempo?

CONCENTRA Y ENFOCA
TU INTENCIÓN

❦

¿*P*or qué evitamos las cosas y ciertas situaciones? ¿Por qué prolongamos deberes? ¿Por qué alargamos la distancia entre nosotros y nuestros sueños? Sera que queremos evitar enfrentando la situación. Cuando te separa de lo que estas evitando, por cualquier razón ... debería fijarte que enfrentando la situación, completando tus deberes y trabajando hacia tus sueños es sumamente mas beneficial y menos tenso, que constantemente tener ese recordatorio en la forma de cosas sin hacer, sin intento, sin satisfacción. Cosas abandonadas a mitad de hacer, ideas que nunca se materializan, y cosas que te convence tu mismo que un día haría. Es exactamente lo contrario de lo que quieres y de donde quieres estar. Esa aplicación psicológica tienes que venir antes de tus acciones. Tienen que ser aplicada prácticamente. La mente sobre la materia. El pensamiento ante de la acción. Concentra y enfoca tu intención, tu devoción y persistencia. Busca tus sueños como un láser, y con la precisión de cirujano.

NO TE PIERDAS EN LA
NEBLINA DE LA VIDA

*edicación, pasión, amor y un toque de necesidad ... que mezcla poderosa de emociones. ¿Habrá una combinación mas fuerte? Ni un alquimista podría hacer una mezcla tan vigorosa. Cuando estas sintonizado a la frecuencia de esa emisora de emociones, tu producción no tiene comparación. Es magnifico. Si pones de tu parte y trabajas duro, los frutos de tu labor volverán a ti exponencialmente. ¿Te puedes quedar centrado en esa frecuencia, o te vas a extraviar? ¿Es una situación permanente o, inevitablemente te pierde en la neblina?

DESARROLLA UNA BASE FUERTE

oqueteando con la vida. Donde nada se siente 100% correcto. Bueno, tal ves no nada, pero algunas cosas. Suficiente aspectos de tu vida en falta de atención. Quizás algunas personas. Trabajos, pasatiempos, intereses. Le roza por encima a todas esas cosas, brincando de uno al otro porque estas muy ocupado con los detalles. Da un paso para atrás. Un paso suficiente para darte el impulso necesario para saltar y sumergirte en lo tuyo. Lo que sea que es. Para y mira. Dale atención a los aspectos de tu vida que lo necesitan. Un cariño afeccionado. Viviendo día tras día, posponiendo las cosas para el próximo día y otra vez el día después de ese, es igual como financieramente vivir de un cheque de pago al otro. No es una practica saludable. ¿Necesario? Quizás...pero probablemente no. La base no estas fuerte. Como si estuviera tapando hoyos en un barco que se estas hundiendo. Puede ser y debe ser mas que eso. Enfoca tu tiempo y atención adonde piensas que debe estar. Dedica y disciplínate a esa tarea. Para crear ese carácter que puede fácilmente ser el cambio que necesitas en tu vida. Cuando viene a ver, puede ser un aprendiz de todo – maestro de nada, o aguanta, cultiva y florece tu potencial(es). "Si conoce la manera en general, usted lo verá en todo."*

---

* El libro de los cinco anillos - Miyamoto Musashi

PERMÍTETE A CRECER

o que se queda contigo de tus experiencias es lo que tu te deja aceptar para tu propio desarrollo y evolución. Ese desarrollo dice mucho de ti, pero no tiene una definición especifica. Después que tu desarrollo y evolución no esta perjudicando a otro, sigues creciendo. Mientras tanto, sigue usando la versión internalizada de tus experiencias como un combustible...así, estará haciendo los que es necesario para ti. En el futuro vas a coger de esa habilidad y aprenderás hacer por otros. Tanto las experiencias positivas como las negativas pueden ser el mecanismo necesario para desarrollar. No pienses que el desarrollo solo ocurre con las experiencias positivas y que las negativas impactan tu evolución en una forma contraria. En vez, entiende que las experiencias positivas y negativas están funcionando con el mismo propósito. El valor de todas las experiencias se agregan a tu desarrollo, y así fluidamente creces como persona. Permítete a crecer.

DECIDE CAMINAR EN TU CAMINO

❦

Comenzando de nuevo es un concepto interesante. Refrescante en su centro. Soltando y aceptando los del pasado. Los que ha pasado. Es algo humillante y a la misma vez provoca el orgullo. Borrando y comenzando con cuenta nueva. Una cuenta que permite que tus planes, predicciones y las expectativas del futuro sean infinitas. Puedes hacer lo que te dé la gana ahora. ¿Verdad? ¿Qué te paraba antes? Los bloqueos mentales y obstáculos que tu ponías en tu propio camino. Vas a pasar por pruebas y tribulaciones por cualquier camino que deseas caminar. ¿Por qué no enfrentarte con las pruebas que están en el camino que quieres caminar? Parece tópico, pero la diferencia entre cualquier camino que escoge, es simplemente decidiendo caminarlo. Si algún día como un año nuevo o un cumpleaños o cualquier otra meta que tu logras se convierte en la motivación que buscabas … que así sea. Eso es completamente secundario y no tan importante como el esfuerzo de seguir adelante. Deja que brille a través de ti. Nuevos comienzos.

CRÉALO PARA TI

oge todo el dolor y el sufrimiento, el malestar y el miedo, y permite que salga para expresarlo el la forma de tu arte. Moldea y esculpa lo a algo que es tuyo. Crea una expresión esotérica de ti, que te trae paz al alma. Desde la fibra de tu ser. Abrázalo. Levántalo. Aprécialo. Nutrirlo. Es la forma más cruda de ti. Después que pases todas las capas de tu ser, más allá de la influencia y la duda. Antes que el juicio toma su control. En tu forma mas pura. Desarrolla la producción positiva de esa puridad que tienes dentro de ti, para cumplir y calmar la sed de tus esperanzas. Tus sueños. Tus deseos. Ve a por ellos.

POR DELANTE DE LA BOLA OCHO

*lgunas veces, necesitas una chispa de inspiración para comenzar algo. Para motivarte. Puedes encontrar esa chispa en diferente cosas. Diferente situaciones y eventos. Internaliza eso y date cuenta que esa chispa realmente viene de ti. Dándole importancia o personificando algo hasta el punto que se convierte en esa chispa, es una realización de una necesidad tuya que no está satisfecha. Un querer. Un deseo. Tu te permite sentir y entender ese vacío, mientras aplica un plan provocado por esa misma necesidad, con el fin de llenar el vacío. Si puedes crear esa chispa a voluntad, y conscientemente las traes a existir, entonces usted estará por delante de la bola ocho.

DOLORES DE CRECIMIENTO

$\mathcal{D}$olores de crecimiento ocurren. Son una inevitabilidad del cambio. Un subproducto. Un costo hundido. Llegas a lo bueno cuando confrontas y pasas por lo malo, no cuando corres o evitas las situaciones difíciles. En el momento, son distracciones necesarias que llenan la ruta entre A & Z, con cualidades que forman tu carácter. En el futuro, servirán como recordatorios de un tiempo mas difícil y puedes reflejar en una manera que te da apreciación. Antes de ese triunfo, los dolores de crecimiento son disuasorio. Un ideal que elimina a los que no están dispuesto y nos deja con los individuos que están determinados a aceptar los dolores de crecimiento afiliados con sus deseos. Inevitablemente, son verdades necesarias.

INMORTALIZA LA VIDA

*P*ela la primera capa superficial de la vida y disfruta de todas sus frutos. Derrítete en todas las texturas matizadas de la existencia. Reaparece como una nueva y mejor versión de ti. Haz cada momento un momento en el que estás presente. Recuerda ganar, incluso cuando se pierde. Elige sostener el adelantamiento del progreso, basado en una perspectiva focal y interna. Ten la confianza en tú mismo para confiar en tu previsión y tener la audacia para ir por lo que es tuyo, la determinación de seguir, la objetividad para no perderte, y la buena suerte de poder reflejar. Luego podrás pasar ese plano delante y inmortalizara lo que es vivir.

TU ARTE

⚘

erapia para la mente. Una representación del alma. Un escape para el pensamiento y la emoción. Un vehículo para la creatividad. Manifestando tus sueños y trayendo lo que no existe a la existencia con la determinación de certeza. Una certeza que tu no sabias estaba ahí. Cuando se muestra, tu lo guía y te guía a ti. Lo cultivas, y te da mas motivación. Empujándote de donde estaba, hacia donde quiere estar. Es un método de disposición. La eliminación de lo innecesario. La organización del desorden mental. Su expresión congelada en el tiempo, para siempre en las paginas de la historia de tu vida, seguido por un futuro que todavía no esta escrito, pero ansiosamente esperándote.

ELÉVATE A TI MISMO

as la próxima mejor. El próximo...todo. Lo que sea que viene próximo ... has lo mejor. De los mas trivial a los que es mas intrincado y elaborado. Lo que estas haciendo ahora, lo que tienes enfrente de ti ... hazlo mejor que la ultima vez que hiciste esa cosa especifica. Por ejemplo – cortándote las uñas, leyendo este libro, escribiendo una historia, viendo una película, lavándote las manos, mecanografiando, manejando, corriendo, pensando, etc. Ya vez la idea. Todo y cualquier cosa es algo que puede ser mejorado. Entonces has lo mejor. Progresa. Esta es la manera que te eleva. Sabes como te sientes cuando, momentos después de que hablas con alguien (generalmente de paso, pero no necesariamente) y piensas en "la cosa perfecta que debería haber dicho" ... menos de eso. Más nuevas y mejoradas versiones de ti, en todos aspectos y niveles. Hasta en el nivel micro-brial. Un nivel eco- sistemática. Colectivamente haciendo una versión mejorada de ti.

LA SUERTE RECONOCE EL AFÁN

$\mathscr{SB}$

*S*uerte. Algo que siempre puede estar presente y a la misma vez no importarle. Al igual que una partícula subatómica en la teoría cuántica puede ser existente y no existente en diferente lugares al mismo tiempo. Envuelta como una daga con la posibilidad de penetrar y tocarte. Queriéndolo, esperándolo, persiguiéndolo, y hasta pidiéndolo. Con una presencia omnisciente, la suerte influye en los esfuerzos ... si le da la gana. ¿Cómo uno puede ponerse en buena voluntad con la suerte? ¿Cómo uno puede amigarse con esta fuerza? Con una acción ... trabajar. La suerte siempre estará ahí. Encima del trono de posibilidad. Esperando que te merezca un poco de su influencia. Nunca se sabe cuándo o incluso si vas a interrumpir y dar una mano, pero favorece a los preparados y tu afán es lo que te prepara. ¿Haz tu propia suerte? - Realmente no. ¿Haz que la suerte se de cuenta de ti? – Absolutamente.

¿QUÉ ES LA INSPIRACIÓN?

La inspiración es lo que yo podría imaginar que siente un surfista cuando está en el cañón de una onda y montando el tubo. Como se siente un luchador cuando obtiene una victoria por sumisión. La realización sentido por un cazador que rastreó y busco a su presa durante varios días antes de sus respectivos caminos cruzarse. La inspiración es lo que yo podría imaginar que siente un pelotero cuando da un jonrón que gana el juego. Un ponche-out que solidifica una victoria. Un tiro de tres puntos al ultimo segundo en baloncesto. Una imagen único capturando un momento en tiempo por la cámara de un fotógrafo. El toque final de una pincel sobre un lienzo artístico. Un actor o actriz que estas dando una actuación que se merece un Oscar. Pasando el examen con un cien o terminando ese reporte para un académico. Cuando estas al punto de correr la mesa en un juego de billar. La sensación que se siente cuando se escucha una canción que valga la pena. La creación de lo que va a inspirar con el mismo nivel de inspiración que te motivo a ti.

LIMITACIONES CIEGAS

*u pasión fluye a través de ti justo antes del punto de compromiso. Entre queriéndolo y exigiéndole. Es como un entendimiento o compromiso mutuo; Enséñame que realmente lo quieres y te lo daré. Gánate tu posición y tendrá más de lo que es necesario. La pasión y el enfoque en abundancia. Un racionamiento ilimitado con un apetito que no discrimina. Similar a armas de destrucción masiva. - Pero con una precisión láser. Sacando, sin esfuerzo, todo lo que has propuesto para ti. Eso es lo que hace la pasión. Es por eso que existe el deseo. Doblando una esquina y embarcándose en un viaje donde incluso los errores hallan espacio y consuelo, porque también hay un lugar para ellos. La pasión me parece como una confianza que tienes la visión de túnel. Inconscientes de la posibilidad de su limitaciones.

HALA EL FUTURO
HACIA EL PRESENTE

lvídate de la luz al final del túnel. Líbrate de la oscuridad en que te encuentra, ahora. Agarra y hala el futuro hacia el presente y comienza a vivir el día de mañana, hoy. Concéntrate en lo que debes enfocarte y, con esa misma intención, desatenciónate de lo que merece negligencia. Desásete del exceso de equipaje, ni que sea personas o cosas. Pierde el peso que te hace ir más lento/a. Nadie es necesariamente necesario y tampoco es cualquier otra cosa. Hay cosas esenciales en la vida, y después hay todo lo otro. Date cuenta y llega a un acuerdo con el hecho de que todos los demás estamos participando en este juego (por falta de una palabra mejor) también. Claro, todos tengamos nuestras propias razones. Algunas de esas razones serán iguales a las tuyas, y muchas serán diferentes. Apropia, acepta y aprecia el mejoramiento que descubre en el camino. Desásete con gran perjuicio de cualquier disminución o la posibilidad de deterioro en tu camino.

ES UNA DECISIÓN CONSCIENTE

ómese el tiempo necesario para despejar su mente y encontrará la mejor manera para relajarse. Deja que el estrés te sobrepase. Valla más allá del punto de la furia y la frustración y se encontrara en el centro de la razón ... por una razón. Hay una manera más negativa y más positiva de que cualquier situación se pueda desarrollar. Dicho esto, ¿por qué no ponerse en el mejor estado mental para obtener los beneficios del lado positivo de ese espectro? Cuando lo piensas, es algo obvio, ¿verdad? – Poderte dar a ti mismo/a y a todos que te rodean los beneficios del resultado mas positivo de cualquier situación. Da un paso atrás de lo que estas pasando ahora, y conscientemente date la habilidad de la positividad objetiva.

NO LO ESCONDA, COMPÁRTELO. NO LO GUARDE, LIBÉRALO

*Cuando te siente inspirado ... normalmente no es una decisión consiente. Es mas como una epifanía. Deja que siga su curso. Deja que salga de ti en cualquier forma que asume. Expresa lo como quiere ser expresado. Libéralo. Déjalo salir. No lo encierre. No lo embotelle para que se vaya rancio. No hay razón para guardarlo para mas tarde. No va a estar allí, al menos no en la misma forma que estaba. La mejor noticia es que es infinito. Sigue creciendo. Ni que tu quisiera, no lo pudiera gastar. Monta la ola de esa inspiración y elévate. Incluso, puede elevar a otros en el proceso. Así que si es una canción, una cita, un libro, una línea en una película, un instrumental solitario, una risa, lo que sea que te da una visión en un momento de la pureza perpetúa que es la inspiración. Abrázalo y corre con ella, porque aunque la corriente no se puede gastar, el momento en que te encuentra se puede desperdiciar. Como una luz blanca que entra a través de un prisma y que sale de la otra parte como un arco iris de diferentes colores, deja que entre y se filtre por ti y salga en su forma deseada.

CAMINA TU CAMINO

La combinación de pensamientos, experimentos y experiencias que necesario para ser tú ... en este mundo ... no puede ser replicado. Permitir que el miedo y la inseguridad dicta no exprésate es una forma de egoísmo. Porque es un deservicio a tu evolución como persona y a tu influencia de la evolución de otros. ¿Cómo te atreves tomar esa ruta de cobarde? Tienes que ser tú, 24 horas al día, 7 días a la semana y 365 días al año (366 días en un año bisiesto) y no mires para atrás - al menos no de un modo cuestionándote o resintiéndote. No debemos tener una decisión. Deja que la luz que hay dentro de ti brille. Deja que te alumbré el camino. - El camino que solo tú eres capaz de caminar. Está bien si tú usa las experiencias de la vida para aprender de ti y encontrarte a ti mismo, pero no está bien encontrar consuelo y comodidad en una de esas experiencias y encasillarte por miedo de ser más o sólo por una sensación de seguridad. Mueve y estimula las cosas hasta que esa sensación de seguridad esté implícita y es parte del paquete realizado por estar viviendo tu sueño. Sigue tu luz.

INSPIRA LAS
VERSIONES DE OTROS

*L*a realización de una pasión en un momento de tiempo. Todo se trata de ese fragmento de la existencia. Endorfinas exudando fuera de tu ser. Vibraciónes positivas y duraderas que rompen obstáculos, buscando cada gota de duda dentro de ti, mientras que al mismo tiempo extingue cualquier dudas expresadas hacia ti. El momento es tuyo. Si algunos son capaz, compártelo col ellos. No van a poder sentir lo que tu sientes dentro del momento. Es un nivel de emoción que no es transferible y que ninguna cantidad de empatía Podría encapsular. Realiza tus pasiones y experiencia las

con las personas que tienes cerca de tu corazón... probablemente no sentirán exactamente lo que sientes, sino que ayudará a encender sus versiones de esa pasión.

NO DEPENDE DE TI, DECIR NO

*C*uando tu logras algo, lo haces existir. No lo había ante de ti. Existe por ti, no a pesar de ti. Deja que sea, deja lo crecer. Está en tu poder pero nunca debería decir que no. ¿Quién tu eres, y porque piensas que esa decisión depende de ti? Sal del camino y permite que se cumpla. Nunca sabrás realmente a quien estás alcanzando, entonces no debería pensar que depende de ti negarle de esa posibilidad.

DALE VIDA A TU MUNDO

❧

*E*stoy haciendo las repetición de la mañana, en la tarde. Un poco más allá del mediodía. Pero no le ponga mente a eso, hay que hacerlo. La fundación necesita ser gruesa, una base indestructible y humilde. No existe otro un sonido como el tuyo o un estilo especifico a ti. No lo puede haber. No ... literalmente no puede ser. Así que nos lo debes, me lo debo a mí, entrar en y expresar mis pensamientos. Ven conmigo mientras voy contigo. Esto es lo que todos necesitamos hacer. La verdadera verdad está dentro de todos ustedes y de mi también. Vamos presentar esa verdad en una forma que sea frente y centro. ¿Qué estamos esperando?

INSPIRA GRANDEZA

⁓

$\mathcal{I}$NSPIRA GRANDEZA en ti mismo y en los demás. Actúa teniéndolo en mente. Con la mentalidad de que alcanzar la meta inalcanzable es alcanzable. Lucha por la excelencia. Lucha por la perfección. ¿Las lograrás? Probablemente no. No en el sentido absoluto de todas formas. ¿Entonces por qué luchar por ellas? ¿Por qué luchar por algo? Porque existe la excelencia, existe la perfección... tu versión de estas cosas. En este camino que recorres, muchos serán tocados. Algunos se inspirarán en ti y algunos solo se enfocarán en los aspectos negativos y obstáculos de tu camino. De cualquier manera, continúa siendo y esforzándote por ser la mejor versión de ti mismo que puedas crear.

SOMOS UNO

O HAY victoria en el juego de la vida. Por el contrario, no hay derrota. Solo hay (a falta de una mejor palabra) jugar. No hay necesidad tangible de llevar la cuenta, ni de saldar cuentas. Estás tú y los que te rodean. Están aquellos que estuvieron y aquellos que estarán. Todos los cuales existen lo mejor o peor de sus capacidades, según elijan. La sombra que proyectan sobre su espacio en el mundo con su matiz único, es el mosaico natural que es la esencia misma de la vida. Nuestros lienzos individuales coexisten, se mezclan y se entrelazan. Construye, llena y define el tuyo con tu versión de la perfección. Tu mejor yo. Esa cualidad inmensurable que eres tú. La fluidez infinita con la que crecemos y nos desarrollamos es mucho más preciosa que un juego de ganar/perder podría jamás aspirar a ser. Ya hemos ganado... somos uno.

NO TE DEJES DESPERDICIAR

*N*O ESPERES basándote en la suposición de que habrá más. Tú tienes que crear más. ¿Qué es lo que te impide hacer lo que quieres estar haciendo? Mejor aún, ¿qué es lo que te impide darte cuenta de lo que quieres estar haciendo? [Inserta tu respuesta aquí]... y luego acaba con ella. Hazla impotente. ¿Es una persona? ¿Varias personas? ¿Una situación financiera? ¿Un pensamiento? ¿Un miedo? No te dejes desperdiciar. Sea lo que sea, dale la vuelta. ¿Necesitas cierto nivel de estatus financiero o estabilidad? Entonces consigue un trabajo (relacionado o no) que te permita satisfacer esa necesidad. Establece esa meta de libertad financiera y hazte dueño de tus limitaciones. Eres tú. Siempre has sido tú. Te limitas a ti mismo cuando podrías ser ilimitado. Logra tu 'más' enfocado en este estado:

El entusiasmo sin miedo de un niño imaginativo,

La confianza ignorante de un adolescente y

La sabiduría humillante que viene con la edad.

EL VALOR ESTÁ EN LA
VOLUNTAD DE HACERLO

SI NO lo hago cuando no quiero hacerlo... no lo estoy haciendo cuando cuenta. Cuando estoy caído y abatido, lleno de dudas. Sin motivación ni impulso. Sin voluntad para luchar por lo que es mío. Cuando prefiero esconderme del éxito porque eso es lo que se siente mejor. Sin estrés. ¿Dónde está el valor en eso? ¿Dónde está el mérito? El mérito está en la voluntad de hacer lo que quieres hacer, cuando no quieres hacerlo. Eso es lo que marca la diferencia entre hablar de ello y vivirlo. No te des pases libres ni regalos. Sé más duro contigo mismo de lo que sería tu peor crítico, pero perdónate incondicionalmente. Los valles permiten esos picos. Así es como superas los momentos difíciles y los contratiempos y construyes el impulso necesario para causar un cambio positivo de paradigma.

ESTÁ PRESENTE.
INSPÍRATE. SE TÚ MISMO.

*E*L HECHO de inspirar inspiración me inspira a inspirarme. Alimenta todo. Un control remoto universal, un pase de acceso total. La inspiración verdaderamente trasciende todo. Se puede encontrar en todas las cosas y se genera y se enciende desde todas las cosas. Tanto al azar como deliberadamente. He encontrado motivación mientras escribo, al leer, en Podcasts, en canciones, películas, programas de televisión, historias y conversaciones. Se puede encontrar en cualquier lugar que busques... pero necesitas buscar. A veces en su vasta abundancia te toma por sorpresa como darte cuenta de que has dormido más allá de tu alarma. La inspiración puede encontrarte a ti. Puedes inspirarte en el trabajo y en el juego. De día o de noche. No hay discriminación en la inspiración. Está dentro de ti y a tu alrededor al mismo tiempo. Es amor. Es Dios. Es familia. Es presencia. Está presente. Inspírate. Sé tú mismo.

MANTÉNLO PARA SIEMPRE

$\mathscr{L}$O LOGRARÁS cuando nunca lo logres. Ahí es cuando llegas. Sigue bregando. Trabaja. Trabaja y luego trabaja un poco más. No te detengas, excepto para mirar alrededor y absorberlo todo. Lo sabrás cuando estés ahí. Confía en el proceso. Y cuando llegues allí, estarás lo suficientemente presente para esforzarte mucho más. Mantén ese impulso continuando lo que estás haciendo y no perdiéndolo... entonces podrás mantenerlo. Siempre. Es tuyo.

ESCRIBIR CONTRA
HABER ESCRITO

*L*EÍ una vez que la distinción entre un escritor "real" y un impostor, es la diferencia entre querer escribir y querer haber escrito. Pero ¿cuál te hace "real"? Quiero ambos menos la ansiosa anticipación de necesitar escribir. Una vez que me siento y hago el trabajo, y fluye... no hay mucho más que sea mejor. Cuando completo un proyecto, es un sentimiento de logro mezclado con: necesito mejorar. Y lo haré, ¿verdad? La perseverancia tiene ese efecto en las personas y sus habilidades. Así que déjame hacer ambos. Escribir y haber escrito hasta que lo que he escrito se convierta en su mejor versión y cuando escriba, no lo disfrute menos. Quizás allí, en ese lugar específico, se cerrará la brecha entre escribir y necesitar hacerlo.

ABRE EL OJO DE TU MENTE

ME SIENTO algo derrotado, pero es motivacional esta vez. Sin sentimiento de decepción o desilusión en mi proceso de pensamiento. Más bien un tipo de sensación de "levántate, sal y consigue algo"*. Vamos a usar eso. Realmente usarlo para canalizar y apuntar hacia puntos específicos de mejoría necesaria. De esta manera, cuando y si el sentimiento se desvanece y la motivación disminuye, puedes mirar atrás y ver los beneficios que cosechaste. La correlación entre ese sentimiento y lo que mejoró. No pierdas eso. No te pierdas a ti mismo. Respira profundo, abre el ojo de tu mente, apunta y dispara.

---

* El concepto de una canción de Outkast feat. Goodie Mob - Git Up Get Out

EL TIEMPO PASA CON LA CONSISTENCIA DE SIEMPRE

*E*STABLECE una meta minúscula, pequeña. Hazla alcanzable. Logra eso, luego repite el proceso. Tomaré prestado de Tim Ferriss y comenzaré con "dos páginas de mierda por día." Gana algo de tracción y amplíalo. El tiempo pasa con la consistencia de siempre. Las metas son buenas y están bien, pero no deberían estar tan lejos de lo que se está trabajando y poniendo en práctica. ¿De qué sirven 187 metas cuando todavía estás trabajando en la meta #3? Deja de añadirlas. Es hora de acción. Basta de inacción. Ponte a trabajar. Penalízate a ti mismo no permitiéndote nuevas adiciones a esa lista de metas hasta que cierres la brecha entre lo hecho y lo no hecho. Hasta que reduzcas la distancia. De lo contrario, solo estás haciendo planes para vivir sin realmente vivir tus planes. Mereces algo mejor y lo sabes. Puedes hacerlo mejor y también sabes eso.

TUS RESPUESTAS NO ESTÁN
ESCRITAS. ESCRÍBELAS.

*ℰ*SCRIBE TUS propias respuestas. Las preguntas son subjetivas por definición, y siempre estarán más fácilmente disponibles. La duda, el miedo a lo desconocido, y la incertidumbre nublan tu visión. Te llevan a creer que las respuestas existen y ya están escritas, para cada una de tus preguntas. Probablemente terminarás buscando esas respuestas y quizás incluso encuentres algunas en el camino. Las preguntas que dejes sin responder probablemente las atribuirás a no haber hecho tu debida diligencia... y parcialmente tienes razón al pensar así. Excepto que no es que no encontraste la(s) respuesta(s) que estabas buscando. Es que no te diste cuenta de que la respuesta para todo lo que buscas está y siempre estará, dentro de ti. Solo necesitas escribirla. La clave de respuestas de la vida es saber que ninguna pregunta necesita quedarse sin respuesta. Busca lo suficientemente profundo dentro de ti mismo y las respuestas se revelarán.

FLOTA SIN RUMBO POR LA VIDA, PERE EN UNA DIRECCIÓN ESPECÍFICA DE TU ELECCIÓN

$\gtrless$

OMIENZA DONDE quieras y termina donde puedas. Todo lo demás caerá en su lugar respectivo. Como tú en un esquema más grande de las cosas. ¿Puedes apuntar al lugar(es) donde quieres aterrizar? Y si pudieras... ¿apretarías el gatillo? Trata de equilibrar esto en tu mente: flota sin rumbo por la vida, pero en una dirección específica de tu elección. Preocúpate lo suficiente hasta el punto de la dependencia. Más allá de ese punto, no hay regreso. Deja de desperdiciar el tiempo entre medias.

CAMBIA TUS ESTRELLAS

❧

*¿*POR QUÉ nos enredamos en los detalles caóticos de las cosas? ¿Es necesario? ¿Tenemos que hacerlo por algún equilibrio y la habilidad de disfrutar las alternativas? Joder, qué pérdida de tiempo. Cuando todo esté dicho y hecho y miremos hacia atrás al legado de nuestras vidas individuales... ¿qué quieres ver? ¿Política? ¿Subir la escalera corporativa? ¿Tu lugar(es) dentro del engranaje de la máquina? Sí, yo tampoco. Todas esas cosas necesitan convertirse en un medio para un fin. No el fin real. No dejemos que termine así. "Cambia tus estrellas".*

---

* Esta es una cita sobre cómo cambiar tu vida para mejor, de la película; A Knights Tale

AGARRA EL FUTURO SIN MIEDO

¿*P*UEDES sentirlo? ¿Puedes verlo llegando? El espíritu de nuestra época es asombro. Inspirando mentes a creer otra vez. A pensar más lejos que nunca antes. A entender más profundo de lo que jamás nos hemos atrevido. ¿Estás listo para lograr todo lo que siempre has querido? ¡Hagámoslo! Trabaja hacia ello. Gánatelo. "El comienzo está cerca"* y nos acercamos a él con una ferocidad sin miedo. El impulso está con nosotros. Está de nuestro lado. Como una ola gigante esperando salpicar y llegar al crescendo contra cualquier roca que se interponga en nuestro camino. Persigue la grandeza. Lucha por la excelencia. Y aprecia la gracia con la que estamos agarrando el futuro.

---

* Esta es una cita de Art by the Imaginary Foundation

SÉ HUMILDE

*E*NFOCARSE EN lo que otros tienen que tú no tienes, es un ejercicio inútil. En su lugar, practica la humildad. Alégrate por aquellos que tienen más, ten lástima por los que tienen menos y encuentra consuelo en lo que sí tienes. Eso no quiere decir que no puedas o no debas querer más para ti y otros a tu alrededor, absolutamente puedes y debes. Pero elévate hasta el punto de tus deseos, a través del trabajo duro, enfoque, disciplina y dedicación. Ten el valor de atravesar los momentos difíciles, para que merezcas cosechar los frutos de tu trabajo. No te rindas en tus metas.

MANTÉN HUMILDAD A LO
LARGO DE TU JORNADA

PIENSA EN dónde quieres estar en 5, 10, 20 años. Ahora detente y mira dónde estás ahora. No llegarás a donde quieres estar sin dedicación enfocada y trabajo duro durante el período entre medias. Sal del camino de la resistencia, guarda la duda, implementa la ambición con una pizca de la confianza de saber que perteneces donde quieres estar... solo que ellos aún no lo saben. Pero vaya que lo sabrán. Mantén la humildad a lo largo de tu jornada si quieres ser digno de los frutos de tu trabajo. Ese ingrediente de base es el fertilizante que permitirá el crecimiento de tu futuro.

---

* El concepto de Resistencia como fuerza proviene de mi libro favorito: La Guerra del Arte de Steven Pressfield.

ELEVA TUS PENSAMIENTOS

¿*H*ACIA DÓNDE te diriges? ¿Cuáles son tus planes? ¿Tus pensamientos sobre el futuro? ¿Tus sueños? ¿Alguna preocupación? ¿Qué harías diferente si tuvieras oportunidades ilimitadas de repetir? Y si no corrigieras algunos de tus errores pasados, ¿estarías donde estás ahora? ¿Pensando el mismo pensamiento? Me gustaría pensar que sí. Solo una versión más elevada del núcleo, del verdadero tú. Tomando decisiones aún más agudas, más nítidas que van ascendiendo exponencialmente. Eleva tus pensamientos sin límites. Más allá de tus errores pasados. Mantén la historia de quien eres y combina eso con el tú que siempre quisiste ser.

COMIENZA EL DÍA
CON ALGO QUE AMAS

SEPARA TIEMPO en serio para lo que quieres estar haciendo en la vida. Cuando te despiertes cada mañana, hazlo lo primero que haces. ¿Por qué no comenzar el día con algo que amas? ¿Tienes que despertarte y ir a trabajar? Entonces despiértate más temprano para hacer lo que amas y comenzar el día bien. Si no, deja de engañarte. Tienes un trabajo de tiempo completo y un pasatiempo de medio tiempo... vamos a trabajar en voltear esa ecuación. Separa tiempo específico para tu pasatiempo de medio tiempo y conviértelo en un trabajo de medio tiempo. Tenemos que poner ese nivel de trabajo para llegar a la siguiente etapa. Luego con suficiente trabajo y dedicación, ese pasatiempo que amamos hará la transición de un trabajo de medio tiempo a un trabajo de tiempo completo, reemplazando el trabajo de tiempo completo que teníamos por necesidad. Entonces terminaremos con un pasatiempo de tiempo completo. Me suena perfecto. Vamos a darle una oportunidad.

NO SERÁ EN VANO

VECES ES una mierda. La mayoría del tiempo en realidad. No siempre puede ser una joya. A menos que sea percibida, recibida y interpretada justo de la manera correcta que se necesita. Pero ¿cuáles son las probabilidades de eso? Mientras tanto, solo baja la cabeza y sigue en lo tuyo. Deja que fluya. Deja que se desborde. Tu copa seguramente rebosará. Deja que se derrame, empape y se filtre en la conciencia de la psique colectiva. Entonces un día, párate. Voltéate y fíjate al collage de experiencias de vida que has dejado atrás. Significará algo para alguien...aunque ese alguien seas tú.

ESTATE PRESENTE
DENTRO DE TU CREACIÓN

AL MENOS date la oportunidad de fallar lo suficiente para tener éxito. Será malo a veces, claro... pero no siempre tiene que ser así. Encuentra aprecio en el proceso. Después de todo, los malos momentos son solo parte del encanto. No importa que tu creación sea de tu agrado o no. Buena o mala según la medida de cualquiera. Lo que pretendías que fuera o no... se trata más de haber creado. ¿Conoces esa sensación que tienes de que algo esté ahí que no estaba antes? - ¿Y que exista por ti? Para eso los hacemos. De eso es que realmente se trata. Sigue luchando a través de los momentos difíciles. Continúa creando existencia. Existe y estate presente dentro de tu creación.

NO TE PREOCUPES

*C*UANDO EMPIEZAS a preocuparte, detente. Respira profundo. Piensa en lo que tu preocupación está logrando. Después de que determines la respuesta inevitable: Nada. - Pasa a enfocar tu tiempo, energía y estado emocional hacia arreglar lo que fuera/es que te molestó tanto. Empieza con la causa raíz; ¿Cómo pasó esto? ¿Qué causó que ocurriera esto? Luego, toma los pasos apropiados para eliminar ese catalizador. Mucho de lo que nos preocupamos y nos inquieta se puede arreglar con el enfoque correcto. Las cosas que no están en nuestro control, por las que tendemos a preocuparnos... las cosas 'más grandes', no cambiarán en ninguna dirección debido a nuestras preocupaciones... así que enfócate en posicionarte para estar en un mejor estado mental y lugar para manejar las repercusiones cuando ocurran. Más fácil decirlo que hacerlo, pero es posible.

TODO PASA

A SIDO real. Ha sido épico. Pero todas las cosas buenas, y las malas también, deben llegar a su fin. No te preocupes... ni por un milisegundo, porque el final de cada era solo te da un conjunto de llaves para abrir las puertas de múltiples posibilidades futuras. Toma lo que has aprendido aquí, tanto lo bueno como lo malo, métElo en tu arsenal y deja que tu corazón te señale la siguiente dirección, mientras tus experiencias te guían. No pierdas nunca la esperanza. Hazme esa promesa a ambos. Incluso los días más oscuros se aclaran. Todo pasa. Quizás no absolutamente, pero suficientemente. El dolor y la pena serán dolor y pena. Pero la esperanza y la prosperidad serán esperanza y prosperidad. El amor será Amor. Todos estamos en una jornada en busca de verdad y significado y orgullo. Esto aquí mismo es solo un momento dentro de un capítulo en ese viaje. Todos tenemos nuestras experiencias por las que pasar y puede que no siempre sean experiencias que quisimos o pedimos. – Pero son necesarias. Para nuestro desarrollo y para el desarrollo de aquellos que nos rodean. Por favor no pierdas esa esperanza, es esencial para todo. Sigue creciendo a tu manera, para que nuestros caminos puedan una vez más entrelazarse.

GRACIAS ESCRITURA

SIEMPRE ME prestarás oído. Sabes lo que voy a decir antes de que yo sepa que lo quiero decir. Expresas las cosas de una manera que puede que ni siquiera tenga sentido para ti, pero que son tan elocuentemente yo. Estás ahí para mí incluso cuando yo no estoy ahí para ti. Desinteresada. Siempre me saludas con pasión, me tratas con compasión y te despides con un anhelo sincero y evidente. No soy merecedor de ti aun cuando estoy dispuesto a dar todo lo que hay que dar de mí... no es suficiente. No siento que sea digno. Pero para ti... siempre es suficiente. Dicen que recibes lo que das pero eso claramente no es una verdad. Me has dado infinitamente más de lo que una eternidad jamás me permitiría devolver. Me sacas de mí mismo y te quedas a mi lado mientras me muestras el camino. Sin motivos ocultos o planes para descarriarme. Cero expectativas, cuando podrías esperar el universo a cambio. Tu benevolencia sin igual es humillante. Te amo, escritura... y lucho por ser tan justo, virtuoso y noble como tú.

CALIFICA Y RESEÑA

¿Te gustó esta lectura?
¡No olvides calificarla y compartir tu opinión en tu tienda en línea favorita!

ACERCA DEL AUTOR

Tony Ortiz es un dominicano-americano de primera generación nacido en Brooklyn y criado en Queens, Nueva York. Es el anfitrión del Podcast Spun Today, el cual está anclado en la escritura pero es ilimitado en alcance. Es graduado de Baruch College en NYC y vive en Queens, Nueva York con su esposa y dos hijos.

¡Mantengámonos en contacto!
Twitter/X: @SpunToday
Instagram: @SpunToday
YouTube: @SpunToday
Facebook: www.Facebook.com/SpunToday

Inscríbete a mi boletín semanal gratuito para recibir un pequeño impulso cada lunes al mediodía. Puedes cancelar tu suscripción en cualquier momento, pero no querrás hacerlo.
(¡No te bombardearé con spam, lo prometo!)

www.SpunToday.com/subscribe

Escucha mi Podcast

¿Buscas un podcast que te lleve en un emocionante viaje de creatividad y exploración? No busques más que el Podcast Spun Today, el cual está anclado en la Escritura pero es ilimitado en alcance. Presentado por Tony Ortiz, este programa es una celebración del arte de escribir, y mucho más. Con un rango infinito de intereses y temas, Tony te invita a unirte a él en un viaje a través del mundo del cine, libros, programas de televisión, comedia stand-up, política, eventos actuales, entrevistas y más allá. Ya seas fanático de la palabra escrita o simplemente estés buscando un nuevo podcast emocionante para añadir a tu lista de reproducción, el Podcast Spun Today es la elección perfecta. Entonces, ¿por qué esperar? ¡Dale una oportunidad hoy y experiméntalo por ti mismo!

Escucha en Apple Podcasts, Spotify, YouTube, mi website, o tu Pod-Catcher favorito.

AGRADECIMIENTOS

Para mi padre, Segundo Antonio Ortiz. Eres la piedra angular de todo, Papi. Me mostraste que las acciones hablan más fuerte que las palabras. Gracias por enseñarme los méritos de la integridad, la disciplina, la responsabilidad y el trabajo duro. Estos son rasgos de carácter invaluables que prometo transmitir a la próxima generación. Hacerte sentir orgulloso lo es todo para mí.

Para mi madre, Diomeda "Meme" Ortiz. Gracias por mostrarme humildad y compasión. Has dado desinteresadamente todo lo que hay que dar de ti y verdaderamente nos hiciste una familia. Tu fe en mí siempre me ha dado una razón para creer en mí mismo.

Para mi hermano mayor, David Ortiz. Has sido duro conmigo cuando ni siquiera sabía que necesitaba que lo fueras. Durante mucho tiempo, sentí que eras mi mayor crítico, hasta que me di cuenta de que Fuiste, sin duda, mi mayor apoyador. Gracias por siempre cuidarme las espaldas y sabe que sin dudarlo siempre cuidaré las tuyas.

Para mi esposa y babzy, Zoila Ortiz. Si no fuera por ti, probablemente nunca me hubiera tomado en serio esto de escribir. Lo hiciste posible al darme el empujón que necesitaba para embarcarme en este viaje, y has estado ahí en cada paso del camino. Gracias por tu bondad inquebrantable, tu amor incondicional, y por mostrarme la importancia de la risa. Lo había olvidado hace tiempo. Eres mi persona favorita para estar cerca y constantemente me haces querer ser una mejor versión de mí.

Para mi maestra de inglés de primer año de secundaria, la Sra. Lisa Gittlitz. Sabías que debía escribir antes de que yo lo supiera. Ojalá hubiera escuchado más. Gracias por preocuparte lo suficiente para siempre animar a este adolescente terco y por hacerme escribir todos esos Lit-Logs.

Para Maciel Chatterjee: Si no fuera por ti y por una conversación casual que tuvimos una tarde (creo que era sábado), probablemente no habría descubierto la catarsis que viene con la escritura libre. Gracias por enseñarme lo que era y por siempre ser una amiga. Todavía tengo esa primera pieza que me hiciste escribir.

El Podcast Joe Rogan Experience fue la gota motivadora que colmó el vaso para mí. Ha sido un centro de conversaciones fascinantes, inspiración, buenos momentos y lecciones de vida. No solo me hizo darme cuenta de que estaba bien perseguir mis sueños, sino que me dio la patada necesaria en el trasero para darme cuenta de que todos eran posibles también. Es verdaderamente un regalo que cada uno de ustedes debería desenvolver. Joe, Brian, Jaime, y cada invitado que ha compartido y continúa compartiendo sus experiencias en el programa... gracias. Estoy eternamente agradecido.

Escuché a Elliott Hulse hablar de los tres tipos de personas en nuestras vidas (puedes encontrar el video en YouTube). Reflexioné sobre las relaciones en mi vida y encontré mucha verdad en esto. El concepto realmente resonó conmigo. La esencia es que las personas en tu vida generalmente caen bajo una de estas tres categorías:

Bolas de cristal: Estas son personas a través de las cuales puedes ver tu futuro. A través de ellas te preguntas si quieres experimentar y caracterizar lo que esta persona representa, en tu propio futuro. Bueno, malo o neutral.

Espejos: Estas son personas que te devuelven lo que les das. Puedes ver en ellos rasgos, metas y ambiciones similares, lo que les hará disfrutar de la compañía mutua. O ves personas que te repelen, y estas pueden ser personas que están reflejándote rasgos en ti mismo que necesitas abordar y rectificar.

Ángeles: Estas son personas que influyen positivamente en tu vida, consciente o inconscientemente, y tanto si estás preparado para recibir su(s) bendición(es) o no.

Cada uno de ustedes ha tocado mi vida de manera significativa en algún momento del camino, y cae bajo alguna combinación de lo anterior:

Steven Almonte (la definición de un luchador), Frank "Steve" Padilla (gracias por ser familia), Jonathan Jacob (la única persona con la que puedo reconectar cada par de años y sentir como si hubiéramos hablado el día anterior, sin perder el ritmo), Arnaldo Coutinho (un verdadero mentor), Jose Luis Oliveira (quien me enseñó: "no dejes para mañana lo que puedes hacer hoy"), Yudy Azurdia (la mejor decoradora), Jacey Rosa (quien tiene la mejor risa), Raul Azurdia (el Roomy #1), Omar "Jerry Rivera" Fuentes, Janet Velez (quien merece un trofeo por cuidar a mi hermano), Jorge Nobre (gracias por hacer el esfuerzo de llevarme de regreso de Mineola a Queens cuando trabajábamos juntos en el bar), Benny Collado (blair-witz), Elaine Almonte (en quien siempre puedo contar para una crítica objetiva de escritura), Esrin Garcia (por enseñarme cómo realmente conducir un cambio manual), Pablo Mosquera (por enseñarme agarrar la vida por el manillar - RIP), Peter Cepeda, Virginia Florentino, Raul Lizardo, Rafael Polanco, David "Energizer" Carvalho, Roberto Prudencio (¡ó Algarve!), Arturo Flores (RIP), Dr. Arthur Lewin (mi embajador de estudios Negros y Latinos), Jessica Florentino, Don Eladio (RIP), Doña Ana, Marisol & Antonio Almeida, Juana "Titi Mery" Susana, Maria "Titi Maro" Susana, Rafael "Mickey" Susana, Pedro "Julio" Susana, Ligia Reynoso, Francisco Reynoso (da tuyo), Antonia Susana, Isabel Susana, Reina "Tía Tata" Ortiz, Ygnacio Susana, Daniel Susana, Nicol Susana, Claribel & Julie Lizardo, Mary Reyes, Leonel Lucas, Abismael Gonzalez, Vicente Gonzalez *y todos mis Tíos, Tías, primos y familia.*

Y por último, pero ciertamente no menos importante, la futura generación del Clan Ortiz:

Para mi sobrina y ahijada, Emma Ortiz. Tienes un corazón de oro, y se nota. No dejes que nadie ni nada te haga sentir como si eso fuera algo malo. Es tu mayor fortaleza, y la futura generación de nuestra familia tiene suerte de tenerte liderándola.

Para mi sobrina, Olivia Ortiz. Estás llena de vida y tienes una sonrisa que ilumina cualquier habitación. Sigue sonriendo incluso cuando estés triste y sabe lo contagioso que es. Haces a otros más felices simplemente estando cerca.

Para ambos de mis hijos, que son pedazos de mi corazón fuera de mi cuerpo:

Para mi hijo mayor, Aiden Ortiz. Eres una bendición absoluta. Mi esperanza para ti es que este libro te ayude a darte cuenta de que hay caminos alternativos que puedes tomar hacia tu versión de la felicidad, y si estás dispuesto a trabajar 2, 3, 4 veces más duro, no tendrás que comprometer la responsabilidad para lograrlo, tampoco. Como siempre decía tu abuelo, "Todo se puede hacer dentro de las reglas." Gracias por mirarme con los ojos más amables del mundo. Te amo.

Para mi bebé, Grayson Ortiz. Sabes lo que quieres y lo vas a conseguir. Solo asegúrate de canalizar esa energía sabiamente y nunca pierdas la esencia de ti en el proceso de perseguir tus sueños. Continúa siendo tan considerado como eres. Esa es una de tus fortalezas. Elige esa sonrisa encantadora tuya y ve en la dirección de tu felicidad. Gracias por dejarme entrar. Te amo.

SUSTITUYE EL MISTICISMO POR
TRABAJO DURO Y COMIENZA A
DAR PASOS EN LA DIRECCIÓN
GENERAL DE TUS SUEÑOS.